JOHN ADAMS
ET LA LUTTE POUR L'INDÉPENDANCE

— L'avocat de l'insoumission

par Eloi Piet

50MINUTES

Avec la collaboration de Thomas Jacquemin

JOHN ADAMS

- **Naissance ?** Le 30 octobre 1735 à Braintree (aujourd'hui Quincy, Massachusetts).
- **Mort ?** Le 4 juillet 1826 dans la même ville.
- **Parti politique ?** Le Parti fédéraliste.
- **Année de l'élection ?** 1796/1797.
- **Durée du mandat ?** Quatre ans.
- **Apports importants ?**
  - Sa contribution à la guerre d'indépendance américaine.
  - L'apaisement des tensions avec la France révolutionnaire, mais également au niveau interne, entre les fédéralistes et les républicains.
  - Le renforcement de la justice fédérale.
  - La mise en place d'une importante flotte de guerre.

« La renommée devrait être l'objet perpétuel de mes pensées et le but de ma conduite. » (PENCAK (William), « John Adams », in *American National Biography Online*, Oxford, 2000) En confessant ainsi son appétit pour la gloire au début de ses études, John Adams est loin d'imaginer le destin exceptionnel qui l'attend. Leader marquant de la guerre d'indépendance (1775-1782), il devient le premier vice-président des États-Unis d'Amérique (1789-1797) et entame ensuite son mandat présidentiel (1797-1801).

Malgré ses brillants états de service, il faut pourtant reconnaître que John Adams ne connaît pas aujourd'hui la renommée à laquelle il aspirait. En effet, il est quasiment inconnu du grand public européen et même oublié des Américains. En tant que président, il n'est représenté sur aucun billet de banque, au contraire de George Washington (1732-1799), de Thomas Jefferson (1743-1826) ou encore de Benjamin Franklin (philosophe, physicien et homme d'État américain, 1706-1790) qui n'a même jamais exercé la fonction suprême. C'est comme si, en refusant de lui consacrer cette reconnaissance, les États-Unis laissaient à John Adams un rôle secondaire dans l'histoire. Cependant, au regard des faits marquants de sa vie et de son mandat, on s'aperçoit rapidement qu'il a joué un rôle primordial dans le rassemblement des États-Unis. Sans son action, le visage de l'Amérique aurait pu être tout autre.

BIOGRAPHIE

UNE ORIGINE MODESTE

Né le 30 octobre 1735 à Braintree dans le Massachusetts, alors colonie britannique, John Adams grandit dans une modeste famille puritaine. Son père, John Adams senior (1691-1760), est un cordonnier besogneux et sévère, tandis que sa mère, Susanna Boylston (1708-1797), est une femme au foyer illettrée. Son enfance campagnarde lui permet de s'essayer à la pêche et à la chasse, tout en rêvant de devenir un jour fermier. Mais ce choix de carrière ne plaît guère à son père qui préfère envoyer son fils à Harvard, suivant en cela une voie déjà empruntée par son oncle Joseph Adams. Cette institution, qui deviendra par la suite l'université la plus ancienne des États-Unis, n'est alors qu'un collège où les jeunes gens bien nés des colonies anglaises d'Amérique se pressent pour faire leur droit. Si l'enseignement religieux le rebute quelque peu, John Adams s'intéresse toutefois au droit, à l'histoire, à la philosophie et à la théorie politique.

Diplômé de Harvard en 1755, John Adams enseigne quelque temps à Worcester, où il a fait son droit, pour ensuite s'installer à Braintree en 1758. Peu enthousiaste à l'idée de mener une longue carrière d'avocat, même s'il exerce le métier pendant quelque temps, il ambitionne de devenir notable.

UN LEADER DE LA RÉVOLUTION AMÉRICAINE

Mais le sort en décide autrement. Un état de guerre latent couve entre la couronne britannique et ses treize colonies d'Amérique dès 1775. Devant cette situation qui s'annonce chaotique, John Adams décide de rejoindre le premier Congrès continental qui se tient à Philadelphie. Partisan de la rupture avec la Grande-Bretagne, il convainc les autres délégués de la nécessité de déclarer l'indépendance des colonies. C'est chose faite le 4 juillet 1776, date qui voit naître les États-Unis d'Amérique.

Aussitôt, John Adams travaille à la mise en place d'une administration américaine. En février 1778, il se rend en France pour y négocier un traité d'alliance et y construire un réseau diplomatique en Europe. Sa mission est un succès, et il participe à la signature du traité de Paris (septembre 1783) par lequel Londres reconnaît l'indépendance des États-Unis. Acclamé à son retour en Amérique en 1788, il se présente à la première élection présidentielle, mais échoue face à George Washington. Il devient néanmoins le vice-président et se présente aux élections de 1796 dont il sort victorieux.

UNE PRÉSIDENCE MOUVEMENTÉE

Dès le début de son mandat, le nouveau président est confronté à de graves difficultés. Les relations entre les États-Unis et la France ne cessent de se détériorer depuis la Révolution française (1789), plongeant presque les deux pays dans une guerre entre 1798 et 1800. Cet état de crise s'insinue également au sein même des États-Unis, où démocrates et fédéralistes s'opposent dangereusement. Très critiqué pour sa gestion prudente de la crise, John Adams fait tout pour éviter que les tensions ne dégénèrent en guerre civile. Cette position le rend impopulaire au sein de son propre parti qui ne le soutient que faiblement lors des élections de 1800. Il perd de peu face à son ancien ami et chef démocrate, Thomas Jefferson, et doit quitter la Maison-Blanche alors en construction.

UNE RETRAITE À QUINCY

Dépité, John Adams se retire avec sa famille dans sa ville natale de Quincy. Bon perdant, il soutient toutefois Jefferson quand il prononce l'embargo contre les navires de commerce britannique en 1807. En 1812, il apporte son soutien au président James Madison (1751-1836) lors de la guerre anglo-américaine.

Lorsque sa femme s'éteint en 1818, il perd un compagnon de route irremplaçable. Esprit brillant favorable à la participation des femmes à la vie politique, Abigail Adams (1744-1818) n'a cessé de le soutenir et de le conseiller tout au long de sa carrière.

John Adams décède le 4 juillet 1826 à l'âge de 90 ans, soit 50 ans après la Déclaration d'indépendance américaine.

UN PRÉSIDENT RÉHABILITÉ ?

En homme de conviction, John Adams essuie des reproches tout au long de sa carrière. Alors même qu'il a quitté la Maison-Blanche depuis des années, des livres critiquant sa présidence et son rôle dans la révolution américaine paraissent à la fin de sa vie. Si les polémiques liées à son action s'apaisent avec sa mort, les historiens de la jeune République américaine, chargés d'en écrire l'histoire, n'accordent qu'un rôle secondaire à John Adams, qu'ils jugent trop indécis et réactionnaire. Il faut attendre près de deux siècles pour qu'il soit quelque peu réhabilité, et que son rôle soit reconnu. Ainsi, lorsqu'en 2001, David McCullough (historien américain, né en 1933) publie une biographie du président, le succès est au rendez-vous. Sept ans plus tard, il fait même l'objet d'une minisérie américaine. Il reste néanmoins du chemin à parcourir à ce « colosse de l'indépendance », tel que le qualifiait Thomas Jefferson, pour être mieux connu en Europe où il a pourtant activement œuvré à l'indépendance américaine.

CONTEXTE POLITIQUE, SOCIAL ET ÉCONOMIQUE

LES TREIZE COLONIES

Dès le début du XVIIe siècle, la monarchie anglaise s'empare de la façade atlantique de l'Amérique, depuis le nord de la Floride actuelle, tenue par les Espagnols, jusqu'au sud de l'embouchure du fleuve Saint-Laurent, où les Français entreprennent la colonisation du Canada. Dans ce vaste espace sous domination anglaise, les Indiens sont progressivement repoussés vers les Appalaches, et les treize colonies sont fondées. Du nord au sud, se trouvent le Massachusetts, le New Hampshire, Rhode Island, le Connecticut, New York, la Pennsylvanie, le New Jersey, le Delaware, le Maryland, la Virginie, la Caroline du Nord, la Caroline du Sud et la Géorgie. Ces territoires présentent toutefois de grandes différences :

- les colonies du Nord (le New Hampshire, le Massachusetts, Rhode Island et le Connecticut) sont très influencées par le puritanisme de leurs colons, issus des sectes protestantes persécutées en Angleterre, qui attestent d'une certaine rigidité religieuse. Marquées par un artisanat prospère et par la construction navale, elles se développent autour du port de Boston et sont appelées « Nouvelle-Angleterre » ;
- les colonies du Centre (New York, la Pennsylvanie, le New Jersey, le Delaware et le Maryland) sont peuplées par des colons anglais, hollandais et allemands, qui forment de riches communautés agraires plus indulgentes que les puritains de la Nouvelle-Angleterre. Les quakers de Pennsylvanie pratiquent la tolérance religieuse dans leur colonie et prônent la non-violence ;

- les colonies du Sud (la Virginie, la Géorgie et la Caroline du Nord et du Sud) se distinguent par l'exportation massive vers l'Europe de denrées coloniales (sucre, coton, tabac) produites par des esclaves africains. La partie sud du territoire est marquée par un conservatisme politique important qui justifie l'esclavage.

Les treize colonies anglaises d'Amérique, indépendantes les unes des autres, présentent donc d'importantes différences tant au niveau économique que religieux et culturel, et n'ont finalement comme seule cohésion que leur obéissance à la couronne britannique.

LA GUERRE DE SEPT ANS ET SES CONSÉQUENCES

Quand John Adams s'installe comme avocat à Braintree en 1758, les choses sont pourtant en train de changer. Depuis deux ans, l'Angleterre est en guerre avec la France en vue d'obtenir l'hégémonie coloniale en Amérique, aux Indes et dans les Antilles. Installés au Canada, les Français et leurs alliés indiens lancent des raids au nord. Menacées, les treize colonies prennent alors conscience de leur communauté d'intérêt et participent, sous la bannière britannique, à la conquête du Canada.

À l'issue de la guerre de Sept Ans (1756-1763), la couronne anglaise, sortie victorieuse, est en mesure d'instaurer une *pax britannica* (« paix britannique ») dans une Amérique du Nord fidèle au gouvernement anglais et à laquelle elle promet une place non négligeable dans la vie politique locale. Mais c'est tout l'inverse qui se produit. Lorsqu'elle colonise l'Amérique du Nord, l'Angleterre néglige d'y établir une administration centralisée, qu'elle juge trop coûteuse, et laisse le soin aux différentes colonies de s'organiser selon des lois qui leur sont propres. En contrepartie de cette relative autonomie, les colons anglais ne sont pas représentés à la Chambre des communes à Westminster.

Si, lors du conflit, les milices de colons américains ont certes pris part à la défaite française, ce sont surtout les troupes britanniques et la redoutable *Royal Navy* qui ont pesé dans la balance. Malgré son triomphe, les pertes se révèlent toutefois conséquentes. Alors, pour les combler, le gouvernement anglais force les colons d'Amérique à verser une contribution, jugeant qu'ils doivent participer à l'effort puisque, grâce à la guerre, leur commerce n'est plus menacé.

Pour ce faire, la Grande-Bretagne décide d'augmenter en février 1763 les taxes dans les treize colonies, sans les avoir consultées au préalable, car elles ne sont pas représentées à la Chambre des communes. Mais cette mesure arbitraire indigne John Adams et toute la classe politique des colonies. En tant que descendants de sujets anglais, tous considèrent qu'ils ne peuvent être imposés sur des taxes votées dans une assemblée dont ils sont exclus. Après trois ans de confrontation au sujet de la taxation du thé, la tension monte d'un cran quand les habitants de Boston, déguisés en Indiens, s'emparent d'un navire anglais chargé de cette denrée et jettent sa cargaison à la mer : c'est la Boston Tea Party (16 décembre 1773). Pour Londres, cette insolence doit être la dernière et des mesures sont prises : l'autonomie du Massachusetts est abolie, le port de Boston est fermé, et des troupes britanniques sont dépêchées dans la ville pour y rétablir l'ordre.

INDIGNATION ET INDÉPENDANCE

Si, jusqu'à présent, John Adams se montre prudent et soucieux de la légalité, les derniers événements le scandalisent. Révolté par l'augmentation des taxes, il milite contre ces dernières dans les gazettes de Boston, ville où il s'est d'ailleurs installé en 1765.

Trois ans plus tard, le talent du jeune avocat est remarqué suite à l'affaire de contrebande qui a opposé John Hancock (armateur, 1737-1793) à Thomas Hutchinson (gouverneur anglais de Boston, 1711-1780). Un an plus tard, alors que John Adams défend un marin américain accusé d'avoir agressé un officier anglais, Hutchinson préfère innocenter l'inculpé avant même le début du procès, désireux d'éviter que John Adams ne profite de sa plaidoirie pour dénoncer les abus de l'administration anglaise. Pour autant, il n'est pas le plus dangereux des mécontents de Boston, qui se sont regroupés au sein d'un club appelé *Sons of Liberty* (« Fils de la liberté »), chapeauté par son riche cousin, Samuel Adams (homme politique américain, 1722-1803). Confiant dans la possibilité d'un règlement pacifique du conflit avec la Grande-Bretagne, John Adams accepte de défendre, en 1770, sept soldats anglais accusés d'avoir tiré sans sommation sur une foule en émeute. Si, en plaidant cette cause impopulaire, Adams perd quelques clients, il gagne, tant auprès de l'administration anglaise que des leaders indépendantistes américains, une réputation à toute épreuve.

Grâce à cette nouvelle popularité, John Adams se voit proposer par les leaders indépendantistes américains de représenter le Massachusetts au Congrès continental, qui se réunit en Pennsylvanie en septembre 1774 en vue d'apporter une réponse unie des colonies à l'attitude du gouvernement londonien. S'étant déjà illustré dans la dénonciation de l'ingérence de Londres à l'assemblée du Massachusetts trois ans plus tôt, John Adams accepte l'offre. S'il pense qu'il est temps maintenant que les colonies prennent leur indépendance, ce n'est pas l'avis de tous les délégués envoyés au Congrès. Si tous sont certes révoltés par les taxes imposées par Londres et choqués par la répression menée à Boston, beaucoup croient encore en la possibilité d'une négociation avec Londres.

Alors que les colonies du Nord, qui sont asphyxiées par les taxes et animées d'une farouche haine de la tyrannie, sont pour l'indépendance, celles du Sud, très étroitement liées au commerce avec l'Angleterre et dominées par des aristocraties conservatrices, n'ont au contraire aucune envie de rompre les liens. Les colonies du Centre, quant à elles, se montrent plus partagées et préfèrent temporiser. Alors, lorsqu'en octobre 1774, le Congrès est suspendu, John Adams ne parvient pas à convaincre les délégués que la rupture est inéluctable, même si la suite des événements lui donnera raison.

LA DÉCLARATION D'INDÉPENDANCE

La rupture survient lorsque, le 19 avril 1775, la garnison anglaise de Boston tente de s'emparer d'un arsenal de la milice du Massachusetts dans la petite ville voisine de Concord. Les miliciens, sur leur garde, offrent une résistance inattendue aux soldats anglais qui sont contraints de rentrer précipitamment à Boston où la population, échaudée par l'épisode, se soulève. Retranchés dans le port, les Britanniques entament alors le siège de la ville. Les miliciens manquent de les déloger à la sanglante bataille de Bunker Hill (17 juin 1775), et, en janvier 1776, ils bombardent la flotte anglaise. Humiliée, l'armée royale doit abandonner la colonie.

À Philadelphie, où le Congrès s'est à nouveau réuni en mai 1775, John Adams utilise cette escalade de violence pour appuyer ses arguments. Pour lui, il faut considérer les derniers événements comme étant la preuve que la couronne britannique refuse catégoriquement les propositions de paix des modérés. Au printemps 1776, la position des indépendantistes au Congrès progresse. Tandis que Thomas Jefferson rédige la Déclaration d'indépendance – aidé dans son travail par d'autres penseurs parmi lesquels John Adams –, Benjamin Franklin et lui-même achèvent de convaincre les délégués les plus réticents : l'indépendance est inévitable et permettra de donner aux colonies la force nécessaire pour affronter l'armée anglaise, et au final, obtenir une visibilité internationale. Le 4 juillet 1776, l'indépendance est votée et le pari de John Adams est gagné.

Tout reste cependant à faire. Chaque ancienne colonie anglaise, devenue un État américain, entend en effet mener la lutte avec sa propre milice et son gouvernement local. John Adams doit encore déployer d'importants efforts pour convaincre les différents États qu'il est essentiel d'être unis face aux armées anglaises qui débarquent sur leurs côtes. Il obtient finalement un budget et une administration centralisés pour coordonner la lutte. Il s'investit alors personnellement dans le cabinet de guerre qui finance l'armée continentale, dont George Washington a pris le commandement. Le 7 octobre 1777, il voit sa peine récompensée à l'issue de la bataille de Saratoga : battus, les Anglais ne peuvent plus espérer reconquérir rapidement leurs anciennes colonies. Convaincu que ce succès ne peut être exploité sans l'aide de la France, Adams part en février 1778 afin d'y négocier une alliance avec le roi Louis XVI (1754-1793).

LUTTER POUR L'AMÉRIQUE DEPUIS L'EUROPE

Si l'idée paraissait bonne, John Adams est mal à l'aise à Versailles. Sa franchise y fait quelques remous, et, rapidement, les négociations sont confiées par le Congrès à Benjamin Franklin, plus au fait des subtilités françaises. John Adams part alors lever des fonds en Hollande et met en place un réseau diplomatique en Europe. Il revient à Paris en novembre 1782 pour négocier l'indépendance avec les envoyés britanniques suite à la victoire franco-américaine de Yorktown (octobre 1781).

Une fois le traité de Paris signé (3 septembre 1783), John Adams se repose avec sa femme Abigail qui l'a rejoint à Auteuil. Le couple gagne ensuite Londres, où John Adams est nommé ambassadeur en février 1784. Le 17 juin 1788, ils sont enfin de retour à Boston pour retrouver leurs enfants sous les vivats de la foule qui se presse autour de leur navire.

HUIT ANNÉES DE VICE-PRÉSIDENCE

Peu de temps après son retour, John Adams décide de se présenter à la première élection présidentielle. Il est battu par George Washington dont le prestige militaire et le charisme lui permettent de remporter un plus grand nombre de voix de la part des grands électeurs.

LE SAVIEZ-VOUS ?

Le président américain est élu, non pas au suffrage universel direct, mais par les grands électeurs élus au Congrès. Chaque État américain dispose d'au moins trois grands électeurs répartis entre les deux chambres du Congrès.

Suite à sa défaite, John Adams est élu vice-président, fonction qui se réduit alors à conduire les débats au Sénat. L'ancien avocat tente toutefois de se trouver une quelconque utilité en pressant le Sénat d'accorder à la présidence des titres ronflants et un protocole quasi monarchique. Si ces demandes choquent les sentiments républicains des sénateurs, le succès de son pamphlet sur la Révolution française (*Considérations sur Davila*, 1791) lui permet de s'affirmer comme le leader d'une opinion conservatrice effrayée par les excès croissants de la Terreur (1792-1794). Le refus de George Washington de se présenter une troisième fois lui offre la candidature à l'élection présidentielle de 1796 pour le Parti fédéraliste.

UNE RÉVOLUTION TRÈS CRITIQUÉE

John Adams est souvent comparé au philosophe britannique Edmund Burke (1729-1797). Conservateurs convaincus, ils ont tous deux rapidement formulé des critiques sévères sur la tournure que prenait la Révolution française. En 1790, soit un an seulement après le déclenchement des événements, Burke publie ses *Réflexions sur la Révolution française*. Moins connus de la postérité, les *Discours sur Davila* de John Adams ont pourtant rencontré à leur sortie en 1791 un succès semblable à celui de Burke.

Le titre choisi s'inspire de la figure d'Enrico Caterino Davila (historien italien, 1576-1631), lui-même auteur d'un ouvrage sur les guerres de religion en France. Dans son essai, John Adams critique la Révolution qui agite la France, parce que, selon lui, la France a besoin d'un pouvoir monarchique en raison de son histoire. Il profite de cette tribune pour critiquer l'égalitarisme alors en vogue des deux côtés de l'Atlantique, et promeut en conséquence un modèle politique qui lui est cher : celui d'un système bicaméral où un Sénat censitaire viendrait tempérer les émotions populaires. Il y énonce également une autre idée qui le tient à cœur : les hommes étant guidés par une « passion de distinction », les gouvernements doivent en jouer pour stimuler le développement et ne doivent donc pas remettre en cause les inégalités sociales.

TEMPS FORTS

L'ÉLECTION DE 1796

L'élection présidentielle a lieu à l'automne 1796 et voit s'opposer le Parti démocrate, représenté par Thomas Jefferson, au Parti fédéraliste, mené par John Adams et Alexander Hamilton (1755-1804). Conscient que la personnalité polémique d'Hamilton pourrait rebuter certains électeurs, le Parti fédéraliste choisit pour candidat John Adams. Sa réputation d'homme compétent et modéré lui rapporte 77 des 134 votes des grands électeurs. Son ami et adversaire du Parti démocrate, Thomas Jefferson, est quant à lui élu vice-président.

FÉDÉRALISTES CONTRE DÉMOCRATES

Lors des élections précédentes, les candidats n'étaient soutenus par aucun parti structuré et ne représentaient guère autre chose qu'une sensibilité politique et une personnalité. Ce fonctionnement impartial de la démocratie américaine ne dure qu'un temps puisque la politique fiscale du secrétaire au trésor Alexander Hamilton suscite rapidement une opposition regroupée autour du principal rédacteur de la Déclaration d'indépendance, Thomas Jefferson. Dès le début des années 1790, deux partis se forment avec des visions opposées de ce que doit être la démocratie américaine.

Fondé par Hamilton, le Parti fédéraliste soutient la politique fiscale du secrétaire au Trésor, censée financer la construction d'un État fédéral puissant. Favorable à la centralisation du pouvoir, il est socialement conservateur, et son modèle politique est la monarchie constitutionnelle britannique. À l'opposé, le Parti démocrate de Jefferson défend l'autonomie des États fédérés, une large démocratisation de la société, un protectionnisme favorable aux petits fermiers, et a pour modèle celui de la République française fondée en 1792. L'opposition entre les deux partis enflamme la scène politique américaine jusqu'aux années 1820, année qui voit la dissolution du Parti fédéraliste.

UN BRÛLANT DIFFÉREND AVEC LA FRANCE RÉVOLUTIONNAIRE

Après huit années passées dans l'ombre, John Adams voit son travail récompensé par une fonction qu'il estime enfin à sa mesure : celle de président des États-Unis. Mais l'époque est troublée et la jeune nation subit de plein fouet une grave crise internationale avec la Quasi-Guerre qui l'oppose à son grand allié d'hier, la France révolutionnaire.

LA QUASI-GUERRE

De 1797 à 1800, les États-Unis d'Amérique et la France se livrent une guerre non déclarée d'où le nom qui lui est associé. Si les relations entre les deux États se sont dégradées après la déposition de Louis XVI (21 septembre 1792) et la proclamation de la République française, le refus américain d'aider la France face à l'Europe coalisée autour de la Grande-Bretagne dès le mois de février 1793 contribue à aggraver la situation. Mais les racines du conflit sont à chercher dans les suites immédiates du traité de Paris, conclu dix ans plus tôt. En signant la paix avec Londres, les émissaires américains ont coupé court aux espoirs français de reconquête du Canada. En outre, les États-Unis d'Amérique ont repris massivement leur commerce avec la Grande-Bretagne après la guerre, faisant perdre à la France son accès privilégié au marché américain. A cela s'ajoute également la révolte des esclaves de la colonie française de Saint-Domingue qui a pour conséquence de chasser certains de ses colons vers la Guadeloupe, d'où ils se livrent à une piraterie qui exaspère les marchands américains. Pour calmer les tensions, John Adams envoie une ambassade auprès des dirigeants du Directoire (régime politique français, 1795-1799). Mais elle est éconduite par le ministre des Affaires étrangères Talleyrand (1754-1838), qui refuse de la recevoir tant que des pots-de-vin ne lui sont pas versés.

Pendant deux ans, les deux pays se livrent une guerre de course (guerre navale menée par des corsaires) dans le golfe du Mexique, tout en prenant soin de ne jamais dépasser ce cadre-là. John Adams n'y est pas étranger : redoutant un débarquement français sur les côtes américaines, il refuse de céder aux projets bellicistes d'Hamilton qui l'exhorte à s'emparer de la Louisiane, une ancienne colonie française administrée par l'Espagne, alors alliée à la France. Les tensions franco-américaines sont finalement aplanies avec le traité de Mortefontaine (3 octobre 1800).

Surpris par l'ampleur de la crise et des passions qu'elle suscite en Amérique, le deuxième président des États-Unis réagit avec prudence et fermeté. Il exige cependant de la France qu'elle traite les États-Unis comme une véritable puissance et, en attendant, finance la construction d'une solide flotte de guerre. Le président fait lever un impôt pour permettre la construction d'une dizaine de frégates lourdement armées. Commandées par d'audacieux capitaines, celles-ci parviennent à s'emparer de nombreux navires français. Suite à cela, un ministère de la marine est créé, consacrant John Adams comme père de la puissance navale de guerre américaine. En février 1799, les efforts du président sont récompensés avec l'envoi d'un émissaire américain auprès du jeune premier consul de la République française, Napoléon Bonaparte (1769-1821). Mais cette prudence a des répercussions regrettables pour John Adams à l'intérieur de son pays.

UNE VIGILANCE FORTEMENT CRITIQUÉE

La circonspection dont fait preuve le président apparaît à l'intérieur même du Parti fédéraliste comme la marque d'un homme d'État peureux et timoré. Jaloux de John Adams depuis l'élection présidentielle et vexé par le refus de ses plans guerriers, Hamilton déchaîne contre lui ses partisans les plus fervents, et prend la plume pour signer en 1800 un pamphlet assassin *Letter Concerning the Public Conduct and Character of John Adams* (« *Lettre concernant la conduite publique et le caractère de John Adams* »).

De leur côté, les démocrates jugent la fermeté d'Adams envers la France républicaine comme une trahison des idéaux de 1776 et une allégeance cachée à Londres. Ces derniers lancent alors une campagne de presse diffamatoire contre le président en exercice. L'exaspération des tensions entre démocrates et fédéralistes atteint son paroxysme quand ces derniers obtiennent du président la signature de lois jugées liberticides : l'*Alien Act,* qui augmente de cinq à quatorze ans la durée nécessaire à un résidant étranger pour obtenir la citoyenneté américaine, et le *Sedition Act* qui autorise l'administration fédérale à emprisonner ses contestataires les plus virulents, loi qui, bien que votée, ne sera jamais appliquée. À nouveau, John Adams tente d'appréhender la crise intérieure avec vigilance, ce qui ne plaît guère à tout le monde.

Faisant tout pour éviter que les passions qui empoisonnent l'Europe ne se déchaînent aux États-Unis, John Adams ne satisfait finalement personne. Pour les fédéralistes, il est un couard velléitaire, et pour les démocrates, un apprenti tyran. Alors que s'engage la campagne pour l'élection présidentielle, l'opposition des démocrates est exacerbée par des agissements qui sont moins du fait d'Adams que des fédéralistes extrémistes qui, bien qu'appartenant au même parti, sapent l'autorité du président. Cette hostilité des deux partis vis-à-vis du président ne fait qu'écorner la popularité dont jouit encore John Adams dans la Nouvelle-Angleterre et même dans certains États du Sud.

UNE RÉÉLECTION MANQUÉE DE PEU

Ironie de l'histoire, le Sénat ratifie le traité de Mortefontaine la veille de la défaite d'Adams à l'élection présidentielle de 1801, remportée par Thomas Jefferson. Le score est pourtant serré : Jefferson ne l'a emporté qu'avec huit voix d'avance. Or, huit grands électeurs de Caroline du Sud échappent de peu aux fédéralistes, et le vote massif de New York en faveur des démocrates s'explique par une fraude électorale orchestrée par l'homme de confiance de Jefferson, Aaron Burr (1756-1836). La paix avec la France signée, John Adams quitte Washington, la capitale alors en plein essor, si dépité qu'il n'attend pas la passation des pouvoirs avec Jefferson, et se retire immédiatement dans son Massachusetts natal.

UN BILAN PLUS CONTRASTÉ QU'IL N'Y PARAÎT

Au vu de ses conséquences sur la politique américaine, la crise diplomatique avec la France occupe une place importante dans l'histoire du président John Adams. Pour autant, cette crise ne doit pas cacher d'autres aspects essentiels de son action, tels que la répression modérée des révoltes fiscales ou encore la création d'une solide flotte de guerre et la reconnaissance sur la scène internationale des États-Unis comme un acteur majeur. En outre, son mandat est marqué par une forte croissance économique et un budget équilibré. Avoir su diriger le Parti fédéraliste divisé entre modérés et extrémistes et gouverner un pays au bord de la guerre civile n'est certes pas le dernier des mérites d'un président confronté lors de son mandat à d'incessantes attaques personnelles, à la maladie de sa femme et à la mort prématurée de son fils Charles (1770-1800) en pleine campagne présidentielle.

RÉPERCUSSIONS

Au moment de quitter ses fonctions, John Adams laisse au nouveau président Jefferson un pays pacifié. Stabilisés par une administration en construction, les États-Unis peuvent poursuivre la remarquable croissance démographique et économique qui les fait rivaliser à la fin du siècle avec l'ancienne métropole britannique.

Quelques années plus tard, alors que James Madison (homme d'État américain, 1751-1836) succède à Thomas Jefferson, les tensions avec la Grande-Bretagne sont toujours bien réelles et mèneront à une nouvelle guerre en 1812.

LA GUERRE ANGLO-AMÉRICAINE (1812-1815)

La guerre entre la Grande-Bretagne et ses anciennes colonies éclate en juin 1812. Exaspéré par le soutien britannique aux tribus amérindiennes qui sont opposées au développement américain et par le blocus qu'impose la *Royal Navy* aux marchands américains dans l'Europe napoléonienne, le Congrès déclenche les hostilités. L'objectif officiel est de rétablir les droits des États-Unis, mais beaucoup espèrent également parvenir à conquérir le Canada anglais.

Le 24 août 1814, les Britanniques parviennent à anéantir Washington après un raid, et ne sont arrêtés que péniblement devant Baltimore. Toutefois, du côté de la Nouvelle-Orléans, ceux-ci sont tenus en échec par Andrew Jackson (homme d'État américain, 1767-1845) qui repousse avec brio les soldats anglais au début du mois de janvier 1815. Alors que les combats s'enlisent sur terre, le conflit s'étend à la mer où la jeune marine de guerre américaine parvient à se défendre. Ne disposant d'aucun vaisseau de ligne, la marine américaine ne peut néanmoins inquiéter sérieusement la *Royal Navy*, maître incontesté des mers. Mais la résistance farouche des Américains doit beaucoup aux soins prodigués à la marine de guerre naissante par John Adams 15 ans plus tôt. Après trois années de guerre, les deux puissances, épuisées, finissent par signer la paix.

L'œuvre de John Adams dépasse largement les quatre années de son mandat présidentiel. Son engagement passionné pour l'indépendance américaine, son souci de la justice qui le pousse à défendre des soldats anglais et la fermeté de sa modération contre les extrémismes révolutionnaires ou conservateurs font de lui un homme politique marquant de l'histoire américaine. Sa relation avec sa femme Abigail révèle un homme à l'écoute et profondément dépendant d'un irremplaçable conseiller et soutien féminin. Comme son épouse, John Adams s'est montré tout au long de sa vie hostile à l'esclavage, sans pour autant s'engager ouvertement lors de son mandat. Malgré les critiques, il n'en reste pas moins que l'héritage qu'il lègue à l'Amérique dépasse largement le domaine politique et que, sans son indignation et son engagement, elle n'aurait pas été celle que l'on connaît aujourd'hui.

EN RÉSUMÉ

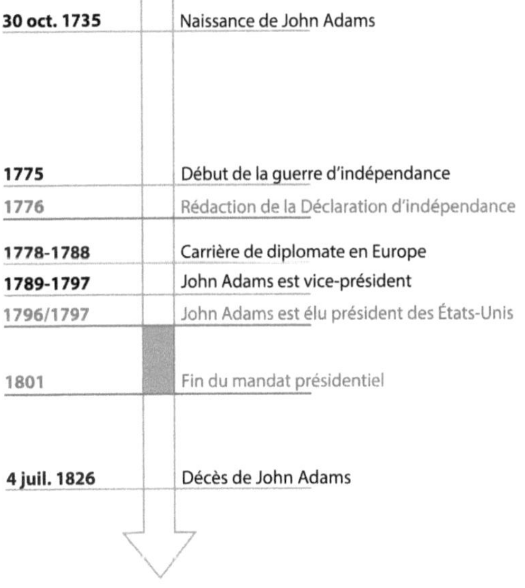

- John Adams est né en 1735 dans un milieu modeste de la petite bourgeoisie de la Nouvelle-Angleterre.
- Il s'élève à la condition de notable grâce à ses études au collège d'Harvard.
- Indigné par l'augmentation des taxes, il s'engage politiquement dès 1775 contre les abus de l'administration britannique.
- Suite à la répression britannique à Boston, il prend le parti de l'indépendance américaine en tant qu'écrivain et penseur politique majeur.
- En 1776, il participe à la rédaction de la Déclaration d'indépendance américaine au Congrès continental.
- Entre les années 1778 et 1788, John Adams mène une vie de diplomate en Europe, où il tente de lever des fonds et de créer un réseau diplomatique afin de soutenir la cause américaine.

Il est élu vice-président des États-Unis en 1789 sous la présidence de George Washington, et occupe cette fonction jusqu'en 1797.

- Élu à la présidence en 1796/1797, il s'efforce durant son mandat à faire preuve de prudence, ce qui lui permet d'éviter l'ouverture d'une guerre avec la France.

- S'il est hostile à l'esclavage, il ne s'est jamais engagé ouvertement dans cette voie lors de son mandat. Il est toutefois le premier président américain à recevoir à dîner un homme de couleur.

- John Adams décède le 4 juillet 1856, 50 ans après la Déclaration d'indépendance. Son fils aîné, John Quincy Adams (1767-1848), va suivre ses traces et deviendra bien des années plus tard le sixième président des États-Unis.

POUR ALLER PLUS LOIN

SOURCES BIBLIOGRAPHIQUES

- FERLING (John), *Setting The World Ablaze*, New York, Oxford University Press, 2000.
- McCULLOUGH (David), *John Adams*, New-York, Simon & Schuster Paperbacks, 2001.
- PENCAK (William), « John Adams », in *American National Biography Online*, Oxford, 2000.
- PETER (Shaw), *The Character of John Adams*, Chapel Hill, University of North Carolina Press, 1976.
- ZOLTAN (Haraszti), *John Adams and the Prophets of Progress*, Cambridge, Harvard University Press, 1952.

SOURCES COMPLÉMENTAIRES

- COTTRET (Bernard), *La révolution américaine. La quête du bonheur*, Paris, Perrin, 2003.
- DESBIENS (Albert), *Histoire des États-Unis des origines à nos jours*, Paris, Nouveau monde Éditions, 2005.
- DIGGINS (John Patrick), *John Adams*, New York, Times Books, 2003.
- Edward (J. Larson), *A Magnificent Catastrophe. The Tumultuous Election of 1800. America's First Presidential Campaign*, New York, Free Press, 2007.
- FOHLEN (Claude), HEFFER (Jean) et WEIL (François), *Canada et États-Unis depuis 1770*, Paris, Presses universitaires de France, 1997.
- FOHLEN (Claude), *Les pères fondateurs de la révolution américaine*, Paris, Albin Michel, 1989.

- GOFFINON (Jean-Paul), *Aux origines de la révolution américaine : John Adams. La passion de la distinction*, Bruxelles, Éditions de l'université de Bruxelles, 1996.
- KASPI (André), *Les Américains. Naissance et essor des États-Unis (1607-1945)*, Paris, Seuil, 1986.
- KASPI (André), *La révolution américaine (1763-1789)*, Paris, Gallimard, 2013.

SÉRIE

- *John Adams*, série de Tom Hooper, avec Paul Giamatti, Laura Finley et David Morse, États-Unis, 2008.

www.50minutes.com

Éditeur responsable : Lemaitre Publishing
Rue Lemaitre 4 | BE-5000 Namur
info@lemaitre-editions.com

ISBN ebook : 978-2-8062-5440-5
ISBN papier : 978-2-8062-5618-8
Dépôt légal : D/2015/12603/44
Photo de couverture : © *John Adams*, tableau d'Asher Brown Durand, XVIII-XIXe siècle.

Conception numérique : Primento,
le partenaire numérique des éditeurs